# 非子童话

吕伯攸 著

• 郑武公的诡计 • 儿子和邻人 • 吃剩的桃子

• 和氏之璧 • 扁鹊的医术 • 一双象牙筷子所引起的忧虑

• 道德比璞玉宝贵 • 一片玉的楮叶

• 眼睛的比喻 • 务光的自杀……

儿童古今通

民国经典童书

知识产权出版社
全国百佳图书出版单位

**图书在版编目（CIP）数据**

韩非子童话 / 吕伯攸著. — 北京：知识产权出版社，2019.1
（儿童古今通）
ISBN 978-7-5130-5849-0

Ⅰ. ①韩… Ⅱ. ①吕… Ⅲ. ①法家 ②《韩非子》—少儿读物
Ⅳ. ①B226.5-49

中国版本图书馆 CIP 数据核字（2018）第 214847 号

**责任编辑**：王颖超　　**责任校对**：潘凤越
**文字编辑**：褚宏霞　　**责任印制**：刘译文

## 韩非子童话

吕伯攸　著

**出版发行**：知识产权出版社有限责任公司　　**网　　址**：http：//www.ipph.cn
**社　　址**：北京市海淀区气象路 50 号院　　**邮　　编**：100081
**责编电话**：010-82000860 转 8655　　**责编邮箱**：wangyingchao@cnipr.com
**发行电话**：010-82000860 转 8101/8102　　**发行传真**：010-82000893/82005070/82000270
**印　　刷**：三河市国英印务有限公司　　**经　　销**：各大网上书店、新华书店及相关专业书店
**开　　本**：880mm × 1230mm　1/32　　**印　　张**：3.125
**版　　次**：2019 年 1 月第 1 版　　**印　　次**：2019 年 1 月第 1 次印刷
**字　　数**：40 千字　　**定　　价**：22.00 元

ISBN 978-7-5130-5849-0

# 序　说

这本书的材料，是从《韩非子》里取下来的。



《韩非子》的原著者，名叫韩非，是战国时候韩国的诸公，他很欢喜研究刑名法律的学问。不过，他有些口吃的毛病，所以不大会说话，只能用笔来写述他的感想。

他起初在荀况那里求学，几次上书劝谏韩王。韩王不能用他，他便发愤著书，作成《内外储》《说林》《说难》《孤愤》《五蠹》等五十五篇，共二十卷，十余万字。那是不必说，就是现在的《韩非子》了。

这部书，虽然也像别的子书一样，目的在发表他自

已的学说，但是，其中所引证的故事，却很不少。所以，现在就选取最有兴趣的二十余则，将它的大意译成语体文，以供小朋友们阅读。

我想，原书经过这么一次意译，也许会把它的本意走了味。不过，小朋友们先读了这本小册子，将来再读原书，未始不可借此做个引导啊！

# 目　录

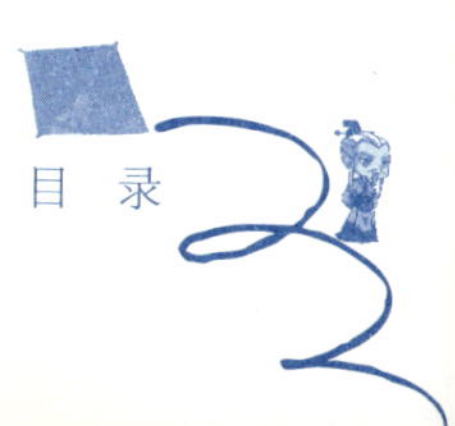

# 郑武公的诡计



从前，郑武公[1]要想去伐胡[2]，却故意和胡君亲善，而且将自己的女儿，嫁给胡君做妻子。

过了几天，武公又问他的臣子们道："我打算扩充些地盘，你们看，现在哪一国可以去征伐的？"

当时，便有一个名叫关其思[3]的，说道："依我看来，

❶ 郑武公：郑桓公的儿子，名掘突，春秋时期郑国第二任国君。
❷ 胡：古代北方民族的通称。
❸ 关其思：郑国的大夫。

还是伐胡罢！”

武公却勃然大怒地道：“胡，和我们是兄弟之国，怎么可以去征伐它呢！哼，哼，你这样破坏两国的邦交，真可算是罪大恶极了！”说着，立刻便将关其思推出去斩了。

胡君听到了这一回事，以为郑君对于他是多么亲切，因此，便不去防备他了。



郑武公趁此机会，竟发出大兵去伐胡，将他们的土地完全侵占了。

# 儿子和邻人



宋国[1]有一个富人，住宅建筑得非常宏大。

有一次，接连下了好几天大雨，不知怎样，竟将一部分的围墙冲坍了。他的儿子对他说道："这垛围墙，赶紧要去叫泥水匠来修筑一下才是啊！否则，也许有盗贼们要走进来呢！"

---

[1] 宋国：周微子的封地，春秋时为十二诸侯之一。到了战国，为齐国所灭。

过了一会儿，富人遇见了隔壁的一个老邻舍，也对他说："这垛围墙，要是不修筑好，盗贼们是很容易进来呢！"

富人没有听从他们的话。到了这天晚上，果然有许多强盗，从那围墙坍坏的地方走了进来，劫去了许多财物。

富人就很懊丧地说道："我的儿子真聪明，他竟早已虑到盗贼们要进来抢劫。可惜，我当时没有听从他的话！"

富人想了一会儿，又说道："哦，当时那个老邻人，不是也和我说过，盗贼们要进来的话吗？这样看起来，这些强盗们，也许是他去叫来的同党呢！"

# 吃剩的桃子



卫君[1]很宠爱弥子瑕[2]，无论什么事情，都能够原谅他的。

依照卫国[3]的国法，私自乘坐国君的车子的，应该处刖刑[4]。有一次，弥子瑕的母亲患了急病，有人便去报告弥子瑕。这时候，已经是半夜里了。弥子瑕得到了这

---

❶ 卫君：指春秋时卫灵公，是卫献公的孙子，名元。
❷ 弥子瑕：卫灵公的嬖（bì，受宠爱的）大夫。
❸ 卫国：周武王封他的弟弟康叔于卫。后来为秦二世所灭。
❹ 刖（yuè）刑：古时肉刑之一，就是将脚踝砍断。

个消息，匆促间找不到车子，他便私自坐了卫君的车子，赶回家去。

第二天，卫君听到了这回事，非但不去责罚他，而且还赞叹着道：“弥子瑕真是一个孝子啊！他为了母亲的缘故，竟不顾到自己犯的刖罪了！”

又过了几天，弥子瑕和卫君同在果园中游玩。弥子瑕随手采了一个桃子来吃着。他觉得这桃子味道很甜，便将自己吃剩的半个，给卫君吃。



卫君又赞叹道：“弥子瑕真是爱我啊！他连吃一个桃子的时候，都想到我呢！”

后来，卫君不欢喜弥子瑕了。他又说：“弥子瑕曾经私自坐过我的车子，又将他吃剩的桃子给我吃，这真是一个大逆不道的人！”当即又办了弥子瑕的罪。

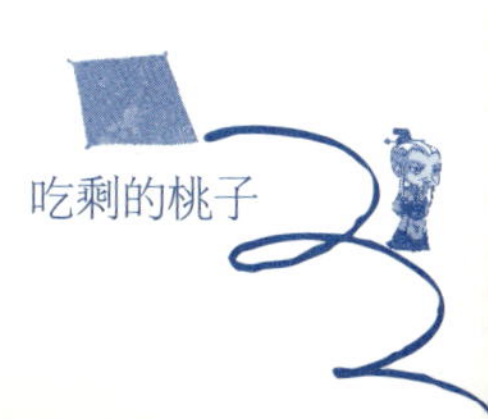

# 和氏之璧



楚国[1]人和氏[2]，在山中得到了一块璞[3]，他便拿去献给厉王[4]。

厉王非常欢喜，便去找了一个玉工来，叫他辨识一下。哪知那个玉工观察了一会儿，却说道："这是一块很普通的石头，哪里是璞！"

---

❶ 楚国：周成王封熊绎于楚。后来为秦国所灭。
❷ 和氏：就是卞和，春秋时楚国人。
❸ 璞：玉在石中，还没有剖解出来，叫作璞。
❹ 厉王：亦称楚蚡（fén）冒，春秋时楚国国君。

厉王听到了这个答复，当然是立刻愤怒起来了，他说："和氏真是一个骗子！他竟敢到我这里来说谎，那是非惩戒他一下不可啊！"他便发下一道命令，将和氏处了刖刑——砍去了他的左足。

后来厉王死了，便由武王[1]即位。和氏又拿了那块璞，去献给武王。

武王也非常欢喜，便去找了一个玉工来，叫他辨识一下。哪知，这个玉工也照样地说道："这哪里是璞，这不过是一块普通的石头罢了！"

武王也痛恨和氏的欺骗，立刻将他再处一次刖刑——砍去了他的右足。

过了几时，武王又死了，便由文王[2]即位。和氏再不敢去献那块璞了，他只是抱着那块璞，坐在楚山下哭泣



❶ 武王：蚡冒的弟弟，名熊通。
❷ 文王：楚武王的儿子，名熊赀（zī）。

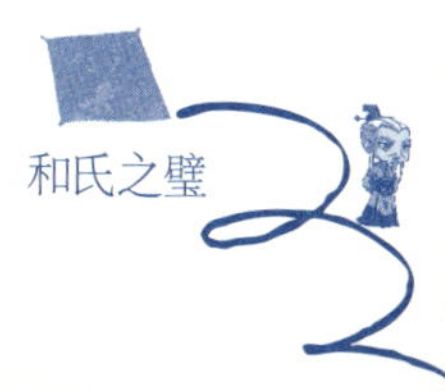

着。一直哭了三天三夜，甚至把眼泪哭完，连血都哭出来了。

文王得到了这个消息，便派人去问他道："天下处刖刑的人多极了，你为什么哭得这样悲伤呢？"

和氏道："我并不是悲伤我的足被刖，实在是悲伤这块宝玉，被人当作顽石看待；像我这样忠实的人，却被人当作骗子看待啊！"



那人回去，就将这番话报告了文王。文王便去找了一个玉工，将那块璞剖解了开来。果然，里面真是藏着一块很名贵的宝玉。

文王便重重地封赏和氏，并且将那块宝玉取名为"和氏之璧[1]"。

[1] 璧：玉的通称。

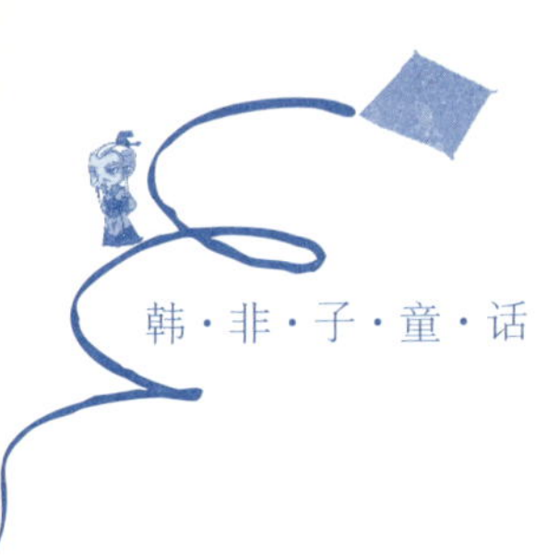



# 扁鹊的医术



扁鹊[1]有一天去见蔡桓公[2]，站了一会儿，便对桓公说道："君上有点疾病罢！"

桓公道："没有，我身体很好！"

---

❶ 扁鹊：战国时郑人，姓秦，名越人。因为他家住在卢地，所以又名卢医。少年时候，遇着长桑君，得了他的医术，能够知道五脏的症结，替人医治，非常灵验。著有一部医书，名叫《难经》。

❷ 蔡桓公：蔡国国君。一说是齐桓公之误。

扁鹊道："依我的观察，君上的病，是在腠理[1]之间。不去医治它，也许要厉害起来呢！"

桓公摇着头道："我没有病，用不着医治。"

扁鹊只得告辞了出来。

桓公很不高兴地说道："医生往往将没有病的人，当作病人看待。胡乱地医治一下，便以为是自己的功劳了。"

这样过去了十天，扁鹊又去见桓公，对他说道："君上的病，现在已经到了肌肤[2]里面了。要是再不医治，也许会更加厉害起来呢！"

桓公依旧不去理睬他，扁鹊又只得告辞出来了。

---

❶ 腠（còu）理：中医指皮肤等的纹理和皮下肌肉的空隙。

❷ 肌肤：肌肉。

又过了十天，扁鹊第三次去见桓公，又对他说道："君上的病，现在已经到了肠胃[1]里面了。要是再不趁早医治，一定更加会厉害起来呢！"

桓公却对扁鹊表示着很不信任的态度，扁鹊只得又告辞了出来。

又过了十天，扁鹊一看到桓公，竟连一句话也不说，便回了出来。

桓公故意叫人去问扁鹊，这是什么缘故。

扁鹊道："一个人病在腠理的时候，只要用汤熨[2]，便可以医治好；到了肌肤里面，用针石[3]也可以医治得好的；到了肠胃里面，用火齐[4]也还可以医治；等到到

---

❶ 肠胃：肠分大肠小肠，小肠主消化，大肠贮藏小肠中所排出的废物。胃是体内的消化器，上端接食道，下端连小肠。

❷ 汤熨：用热水装在容器内去熨贴皮肤，是古时的一种治病法。

❸ 针石：用石针刺入病者的经穴，也是古时的治病法。

❹ 火齐：就是火齐汤，也有写作火剂的，专治肠胃病。

了骨髓里面，那是便没法医治了。现在，君上的病，已经到了骨髓里面，所以，我便没有话可说了。”

过了五天，桓公觉得全身非常疼痛，便叫人去找扁鹊来诊治。不料，扁鹊早已避到秦国去了。桓公的病势一天厉害一天，果然不上几天，便送了命。

# 一双象牙筷子所引起的忧虑



纣王[1]制造了一双象牙筷子，箕子[2]看见了，便非常悲痛。他说："用了象牙的筷子，一定不会再去用粗劣的碗盏了，自然要配着玉的杯子才相称；用了牙筷和玉杯，那又不会再去吃菽藿[3]了，自然要吃旄牛[4]和象豹的胎才相称；有了旄牛和象豹的胎，决不会穿了短衫裤，

❶ 纣王：殷朝最末的君主。名字叫作辛，是帝乙的儿子，被周武王所灭。

❷ 箕子：殷朝的太师，是纣王的叔父，名叫胥余。他谏纣王不听，被囚。后来周武王封他在朝鲜地方。

❸ 菽藿：菽是一切豆的总名，藿是豆的叶。

❹ 旄牛：即牦牛。兽名，肉的滋味很美。据《山海经》所载：产在潘侯山，四节生毛，形状像牛。

坐在茅屋下面进食的，自然，又要穿起锦绣的衣服，筑起高大的屋宇来才会相称。我只怕他一天奢侈一天，将来得不到好结果呢！”

果然，过了五年，纣王便荒淫得不成样子了：他每天用了许多鲜肉，去挂在园圃里面的树梢上，取名叫作肉圃；又装置了许多铜格，下面用火烧着，以便要吃肉的人，可以到肉圃里去取了鲜肉来，就在铜格上炮熟了吃，这名称叫作炮格❶；更用糟堆成了小山丘，可以登在丘上眺望；更拿酒灌注在池里，让大家尽量地舀来喝……这样过不到几时，纣王因此便被人灭亡了。

可见世界上一切大祸患的发生，只要从一件小事上，便可以看得出来了。



---

❶ 炮格：也有写作炮烙的，其实炮烙是纣所做的一种刑具，和炮格的用途不同。

# 道德比璞玉宝贵



宋国有一个鄙人❶，得到一块璞玉，他便拿去献给子罕。子罕却不愿收受它。

那个鄙人道：“这块璞玉，是很宝贵的东西，自然应该归尊贵的人保藏起来才是。像我，不过是一个极平凡的人，哪里可以占有它呢！所以，无论如何，一定要请你收受了才行！”

---

❶ 鄙人：生长在边邑的人。

子罕道："在你看来，这块璞玉虽然十分宝贵，但是，我如果无缘无故地收受了，一定会损坏我的道德。老实告诉你，我对于我的道德，比对于你这块璞玉还要宝贵呢！"

# 一片玉的楮叶



宋国有一个艺术家，替他的国君用宝玉来雕刻一片楮叶[1]，整整地工作了三年，才告成功。

那片叶子雕得真是像极了：哪一部分应该肥一点，哪一部分应该瘦一点，叶缘是怎样的，叶柄是怎样的，叶脉是怎样的；就是将它杂乱在真的楮叶中间，也分辨不出哪一片是真的，哪一片是假的。

---

❶ 楮（chǔ）叶：楮是落叶亚乔木，高丈余。它的叶片很像桑叶，不过比较粗糙些。

这个艺术家，因此便得到宋国国君的赞赏，给了他一份很厚的俸禄[1]。

列子[2]听到了这回事，便说道：“用了三年的光阴，才成功一片叶子，有什么了不得呢！要是在自然界中，也像这样，三年才发生一片叶子，恐怕世界上的各种植物，有叶子的是很少很少了！”



[1] 俸禄：如俸银俸米，是做官的人应得的酬报。

[2] 列子：就是列御寇，战国时郑人，他所著的书，就叫作《列子》。可参看《列子童话》。

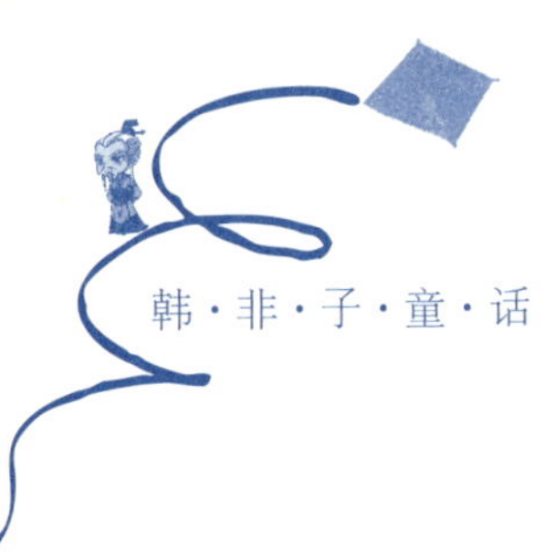


# 眼睛的比喻



楚庄王[1]正要去征伐越国[2]，庄子[3]便去问他道："这次征伐越国，是为什么缘故？"

庄王道："越国的政治没有秩序，军队的力量又非常薄弱，所以我打算去征服它。"

---

❶ 楚庄王：春秋时楚穆王的儿子，名字叫作旅（有人说，庄王和庄子、庄蹻并不是同时的，应该作威王）。

❷ 越国：夏少康之后，封在会稽，春秋战国时候，灭了吴国，后为楚国所灭。

❸ 庄子：名周，战国时人，曾经做过蒙地的漆园吏。他的学问很渊博，著有《庄子》一书。可参看《庄子童话》。

庄子道："君上真像是一只眼睛呢！"

庄王道："这是什么意思？"

庄子道："眼睛能够看到一百步以外的东西，却不能看到自己的睫[1]——楚国自被秦、晋打败，丧失了数百里的土地，这不是军队势力的薄弱吗？楚国国境内出了庄蹻[2]这样一个大盗，官吏却无可奈何他，这不是政治的没有秩序吗？据我看来，楚国的腐败，也不下于越国。君上怎么只能看到远的，却不能看到近的呢？所以，我敢说，君上却正像一只眼睛！"



庄王因此便打消了征伐越国的念头。

---

❶ 睫：眼睑上下缘所生的细毛。

❷ 庄蹻：楚庄王的后裔。一说是庄王的弟弟，楚威王时的大盗。

# 务光的自杀



汤[1]自讨伐夏桀[2]成功以后，恐怕天下的人责难他，说他杀死国君，完全是为自己的私利，所以，他便将君位让给务光[3]。

但是，他又恐怕务光真的会接受了，因此，一面又

❶ 汤：名履，帝喾（kù）的儿子，契的后裔。那时候，因为夏桀无道，汤便起兵革命，建立了商朝。

❷ 夏桀：夏朝最末的一个君主。名癸，是发的儿子，荒淫暴虐，终于为汤所灭。

❸ 务光：夏朝人，一作瞀光，或作牟光。据说，汤要将君位让给他，他便自沉于蓼水。过了四百多年，到了武丁时候，却又出现，武丁要请他做宰相，他仍旧避开了。

派人去对务光说道："桀虽然是个暴君，但是，做臣民的怎么可以任意去杀死国君！现在，汤已做了大逆不道的事，却将君位让给你，就是要你去负担这弑君的恶名声啊！"

务光听到了这番话，便投河自尽了。于是，汤才得以正式做了国君。

# 两条蛇



涸泽[1]里面，住了两条蛇。它们因为太枯燥了，便打算迁移一个地方。

它们将要动身的时候，小蛇便对大蛇说道："你在前面走着，我要是就在后面跟着走，那么，人们看到了，一定以为普通的蛇在走路，便要将我们杀死了！"

大蛇道："依你说来，怎样才是呢？"

---

❶ 涸（hé）泽：水干叫作涸，泽是湖泊的总称。涸泽，就是已经干涸的湖泊。

小蛇道:“不如你背着我走,人们看见你这样尊重我,也许会当我是神君[1]呢!”

大蛇很赞成它的主张，当即背着小蛇，从大路上进行。

人们看到了这两条蛇，果然都说道:“神君来了!”一个个都避了开去。



---

❶ 神君:就是天神。

# 老马和蚂蚁



管仲[1]和隰朋[2]跟着桓公[3]去征伐孤竹[4]，自从春天出发以后，直到冬天才回来。

他们走了几天，忽然迷失了道路。大家正在无可奈

---

❶ 管仲：春秋时齐国颍上人，名叫夷吾。后来做齐桓公的宰相，桓公尊称他为仲父，齐国因此便富强起来了。著有《管子》八十六篇。

❷ 隰（xí）朋：春秋时齐国人。以公族为大夫，助管仲相桓公，成霸业。死后谥成子。

❸ 桓公：就是齐桓公，名叫小白，五霸的首领。

❹ 孤竹：古国名。

何的时候，管仲忽然想出一个计较[1]来道：“我们军中，有一匹老马，一向非常聪明。当我们出发的当儿，它既然走过这条路，也许现在还不会忘记呢！”

他们照着管仲的话，立刻便将那匹老马放了，让它在前面走着，大家都跟在它的后面进行。过了一会儿，果然就找到一条大路。

他们走着，走着，渐渐地走到山里了。接连几天，还不能翻过山去，可是，军中所备的淡水，却已经喝得一滴不剩了。因此，大家不觉又焦急起来了。

在这时候，隰朋便说道：“我知道，蚂蚁做窝的地方，离水源一定是很近的；又知道，夏天的蚂蚁，是住在山的阴面的，冬天的蚂蚁，是住在山的阳面的。现在，我们只要先到山的阳面去找着了蚂蚁窝，再在它的附近掘下去，也许便可以得到水呢！”

---

❶ 计较：指计谋。



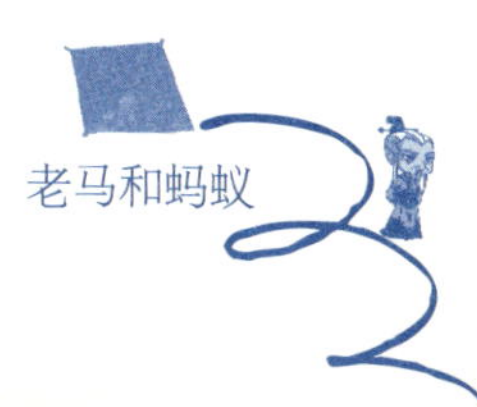

大家又照着隰朋的话，从蚂蚁窝旁边掘下去，当真又得到了很好的水。

# 不死之药



有一个人，制成了一种“不死之药”。他想得些重赏，所以特地拿去献给荆王[1]。

当他拿了药，走进王宫的时候，却巧遇见一个被箭射伤了的卫兵，问他道：“你拿着些什么东西？”

那个人道：“不死之药！”

❶ 荆王：楚国本称荆，到僖公元年，才改称楚。所以，荆王就是楚王。

卫兵又问道："这药可以吃吗？"

那个人说道："可以吃的！"

卫兵听说，不问情由，便将那人手中的药夺了下来，连忙向自己的嘴里一塞，立刻吞到肚子里去了。

荆王知道了这一回事，愤怒得什么似的，便派了几个人去，将那个卫兵捉了来，预备杀死他。



正要用刑的时候，卫兵哀求刽子手暂缓片刻；一面又托了一个朋友去见荆王，代达他的说话。

这个朋友到了荆王那里，就照着卫兵的意思，说道："我当初曾问献药的人，不死之药可以吃吗？他说可以吃的，所以我才将它吃了。这个错误，当然要献药的人负担，并不是我的罪过啊！况且，他献的是不死之药，吃了是不会死的。现在，我一边刚吃了药，一边大王就派人将我杀死了，这岂不是变了'死药'吗？这可见是

那人有意来欺骗大王了。大王杀了一个没有罪的人，却因此证明了别人欺骗大王，那又何必多此一举呢！所以，我劝大王，还是赦了我罢！”

荆王一想，这话果然不错，于是便赦了卫兵，不去杀他了。

# 远水不救近火



鲁穆公[1]因为要和晋国、荆国亲善，便叫他的公子[2]们，到晋、荆两国去做官。

犁鉏[3]得到了这个消息，他便说道："一个孩子堕在水里了，却要赶到越国去请人来援救，越人虽然善于游泳，那孩子的性命一定保不住了；一家人家失了火，却要赶到海边去取水来浇灌，海里的水虽然很多，那火灾

❶ 鲁穆公：战国时鲁悼公的孙子，名显，也有写作鲁缪公的。
❷ 公子：古时候诸侯的儿子，都称为公子。
❸ 犁鉏（chú）：鲁国的大夫。

是终于要蔓延开来了——这叫作远水不救近火。现在，晋和荆虽然都是强国，但是，比较起来，还是齐国来得近；鲁国不和近的齐国去亲善，却和很远的晋、荆二国去亲善。在我看起来，鲁国的祸患，也许终于不能避免了罢！”

# 你们将要穷苦了



鲁国[1]有一个人，是专门做鞋匠的。因为他手艺很高明，所以他所做的鞋子，样子既好，穿在脚上又很舒适。他的妻子，却善于织缟[2]，织出来的缟，也是精美绝伦，人人赞叹。

他们在鲁国做买卖，生意非常兴盛。但是，他们更想推广这种营业，因此，便打算搬到越国去住。

---

❶ 鲁国：周武王封他的弟弟周公旦于鲁。后来被楚国所灭。

❷ 缟（gǎo）：白色的生绢。

过了几天，他们已经把行装整理完全，预备动身了。忽然有一个人，对他们说道："你们从此便要穷苦了！"

鲁国人问道："为什么呢？"

那个人道："鞋子是穿在脚上的，可是，越国人谁都赤着脚；缟是做帽子的，可是，越国人谁都秃着头披着发。拿你们精巧的技术，施用到用不着这东西的地方去，还能够赚得到钱吗？还不致于穷苦吗？"

# 树杨拔杨



陈轸[1]在魏王那里办事，很得魏王的信任，因此，非常显耀。

惠子对他说道：“你必定要对于魏王左右的人，好好地联络起来才行呀！”

陈轸问道：“为什么呢？”

❶ 陈轸（zhěn）：一作田轸，战国时期的纵横家、谋士。

惠子道：“你不看见一种杨树吗？横着种起来，就会活的；倒着种起来，也会活的；折断了种起来，也没有不活的。但是，要是有十个人把杨树种好了，只要一个人将它拔了起来，那杨树便不会活了！至于用了十个人的力量，去种一种容易活的东西，却抵不过拔树的一个人，这是什么缘故呢？便是种植烦难，拔起来容易啊！现在，你虽然能够使得魏王信任你，像一株杨树那么种定当了，但是，那些拔树的人——就是要想排挤你的人，要是一天一天地多起来，你的地位必定很危险呢！”

# 软耳朵的中山君



鲁丹到中山君[1]那里去游说[2]了三次，中山君终于没有接受他的意见。

鲁丹没法可想，便花了五十金，去结纳中山君左右的一班人。第二天再去见中山君，他还没有说话，中山君便吩咐预备酒食款待他。

---

❶ 中山君：中山是国名；中山君，就是中山国的国君。

❷ 游说（shuì）：战国时候，有一种策士，专门靠着自己的口辩，去说动别人的，叫作游说。

鲁丹辞别出来，并不回到宿舍里，便动身离开了中山。他的车夫很奇怪地问道：“中山君今天对你表示非常的好感，为什么却要走了？”

鲁丹道：“我在中山君左右那班人里，打点了些金钱，他们一定替我说过话了，所以中山君这样待我。现在，他既然会因了别人的说话好待我，将来，也必定会因了别人的说话诬陷我呢！”



鲁丹的车子还没有离开中山国界，果然，中山君因为听信别人的说话，派人追上来，将鲁丹捉了去，判了他一个罪名。

# 杨布打狗



杨朱[1]的弟弟，名字叫作杨布。有一天，他穿了一件白衣服出门去。后来，天下了雨，他便脱了白衣，换了一件黑衣服回来。

他所养着的一只小狗，并不知道这么一回事，看见了穿黑衣的杨布，以为是来了一个生客，便对着他汪汪地一阵狂吠。

---

❶ 杨朱：战国时人，字子居，创“为我”的学说，和墨子的兼爱学说相反。孟子斥为异端。

杨布立刻勃然大怒，随手找了一条棍子来，预备将它狠狠地打一顿。

杨朱在里面听到了，连忙赶出来止住他道：“不要打它！要是你遇到了这种事，也许和它一样呢！譬如，你的狗是白的，要是到外边去跑了一趟回来，却变成了一只黑狗，你难道不会诧怪的吗？”

杨布听了这话，便不再打他的狗了。

# 三个虱子



三个虱子[1],同时寄生在一只彘[2]的身上。大家吸着它的血，不知怎样，忽然互相争闹起来了。

别的一个虱子，偶然去拜访它们，知道了这回事，便问它们道：“你们争闹些什么？”

三个虱子同声地说道：“我们大家都想占据一块肥

---

❶ 虱子：一种虫的名称。专门寄生人体或别种哺乳动物的身上，吸取血液。

❷ 彘（zhì）：猪的别名。

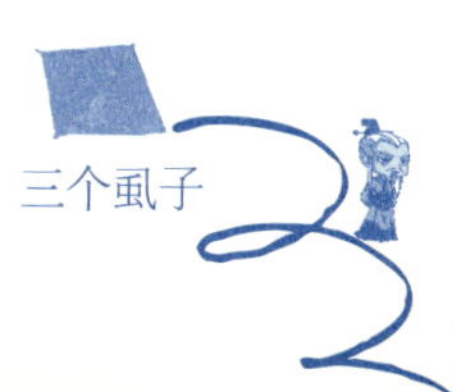

饶些的地方，所以便争闹起来了！”

别的一个虱子道：“你们不想到腊月快到了，人家也许要将它烧熟了，去祭祀鬼神呢。到那时，大家还不是同样地尝不到这种美味了，现在又争闹些什么来？”

三个虱子听了这话，大家便不再争闹，共同聚集在一块地方，拼命地吸着它的血。



从此，那只彘一天瘦似一天，人家也就不去杀它了。

# 自己咬死自己



有一种虫，名字叫作蛔，在同一个身体上，却有两只嘴巴。

它在肚子饥饿的时候，两只嘴巴因为要争夺食物，便互相咬起来了。这只嘴巴不肯饶，那只嘴巴也不肯放，结果，直到自己把自己咬死了才罢。

同是一个国家的人民，如果互相争夺权力，忘记了国家的，也和这种蛔虫差不多了。

# 假的谗鼎



齐国[1]去征伐鲁国，逼迫着，一定要鲁国将他们的一只谗鼎[2]贡献出来。

那只谗鼎是十分宝贵的，鲁国哪里割舍得下，但是，一方面给齐国的威势包围着，似乎又不得不听命照办。

---

❶ 齐国：周武王封太公望于齐，就是齐国。战国初，他的臣子田氏篡国，为七雄之一。约当现在的山东地方，后来被秦国所并吞。

❷ 谗鼎：鼎是三足两耳的一种古器，用金属物铸成。谗是地名。夏禹收九州岛的金类，在甘谗地方铸成九个鼎，就叫作谗鼎，以后便用来做传国的重器。

他们没法好想，只得叫了工匠来，制造了一只假的谗鼎，送到齐国去。

齐国人观察了一会儿，便说道：“这是假的！”

鲁国人道：“的确是真的，怎么会假呢！”

他们争论了一会儿，齐国人也无法证明一定是假的，便另外想了一个计策道：“你们国里，有一个名叫乐正子春[1]的，他是一个最有信用的人，如果能够叫他来说一句‘这是真的’。那么，我们再不说什么了。”

鲁国的使者，将这番话去回复鲁君。鲁君便去请了乐正子春来，叫他到齐国去做一个证人。

乐正子春问道：“那么，为什么不将那只真的谗鼎送去呢？”

---

❶ 乐正子春：春秋时鲁国人，是曾子的学生。



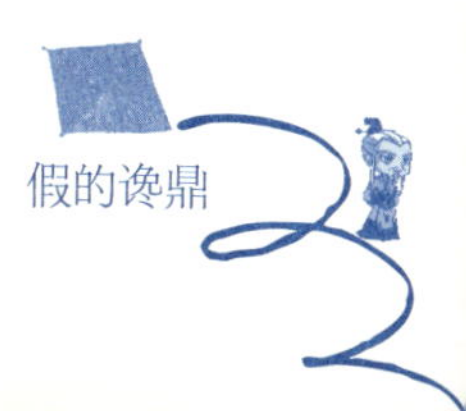

鲁君道："因为我很爱这只鼎！"

乐正子春道："可是，我也很爱我的信用啊！"

# 海大鱼



靖郭君[1]打算在薛的地方，筑一座城墙。但是，当时有许多人，却都来劝阻他。

靖郭君便吩咐他的门役道："如果有客人来见我，不要替他通报！"

这样过了几天，又有一个人来说道："我决不多说话，

❶ 靖郭君：就是田婴，战国时齐威王的小儿子，封在薛的地方，号称靖郭君。

只要允许我说三个字！要是多说一个字，请将我烹死就是了！”

门役进去告诉了靖郭君，靖郭君想：“只说三个字，就让他进来说给我听罢！”当即叫门役领他进来。

那人见了靖郭君，果然只说了三个字道：“海大鱼！”说完了，转身就向外面走去。

这时候，靖郭君的好奇心，却被他引起来了。他很想知道这“海大鱼”三个字的意义，因此，便将那个人喊回来，说道：“什么叫作海大鱼？你可以给我说一个明白吗？”

那个人道：“我说过，多说一个字，愿意将我烹死。实在，我不敢拿性命来当儿戏啊！”

靖郭君道：“不要紧，现在将你的话取消了罢，赶快说给我听听！”

那个人道："海大鱼，就是海里的大鱼！你知道吗？海里的大鱼，鱼网是网它不住的。但是，有一天要是失了水，就是小小的蝼蚁们，也会去欺侮它了。现在的齐国，可以说就是你的海，你只要永远能够爱护齐国，使它永远存在，薛也自然永远保留着；否则，要是齐国亡了，就是你将薛的城墙，筑得像天一般高，也是没有益处的呢！"

靖郭君听说，点点头道："不错，不错！"因此，便将筑城的意思打消了。

# 梦见一座灶



卫灵公宠爱弥子瑕，全个卫国的人，谁都比不上他。

有一个侏儒[1]，去见灵公，说道："我做了一个梦，居然应验了！"

灵公道："你做一个怎样的梦？"

侏儒道："我曾梦见一座灶，以为一定可以见到国君，

---

[1] 侏儒：身体很矮小的人。

现在，果然见到了！”

灵公发起怒来道：“我听到人家说，太阳的伟大，可以用来比喻国君的，所以，将要见到国君，预先会梦见一个太阳。现在，你梦见了一座灶，怎么说是见到我的预兆呢？”

侏儒道：“我想，太阳很普遍地照到世界上，它的光线，没有一件东西可以遮蔽它的；一国的国君，管理全国，他的主意，没有一个人可以干涉他的。所以，将要见到国君，便会梦见太阳。至于说到灶，只要有一个人挡住了灶门，那么，后面的人便不能看见灶里的火光了。现在，我梦见了一座灶，或者正有人挡住在我君面前，使我君的光明无从放出来罢！”

# 太相信别人的结果



叔孙[1]做鲁国的宰相，地位既高，权柄也很大。他有一个宠爱的人，名字叫作竖牛，常常假借了叔孙名义，无所不为。

叔孙有一个儿子，名字叫作壬。竖牛很妒嫉他，便想设计害死他。有一天，竖牛带了壬，到鲁君那里去玩，鲁君赐了一个玉环给壬。壬一边拜谢收受了，一边便托竖牛去请命于叔孙，要叔孙允许了，然后才敢佩带。

---

❶ 叔孙：名叫豹，春秋时候鲁国的大夫。谥穆子，也称穆叔。

过了一天，竖牛欺骗壬道：“我已经替你在你父亲面前说过，他已经允许你佩带那个玉环了！”

壬信以为真，果然将那玉环佩带起来。

这一天，竖牛又故意去向叔孙说道：“为什么不带壬去见见国君呢？”

叔孙道：“小孩子，怎么可以去见国君呢！”



竖牛道：“可是，他已经去见过好几次了！而且，国君赐了一个玉环给他，他也佩带在身上了！”

叔孙当即去叫了壬来，看见他身上真的佩带着一个玉环。因此，叔孙一时怒不可遏，便传令将壬杀死了。

壬有一个哥哥，名字叫作丙。竖牛既害死了壬，便又妒嫉丙，想方设计，也打算将他一齐害死。

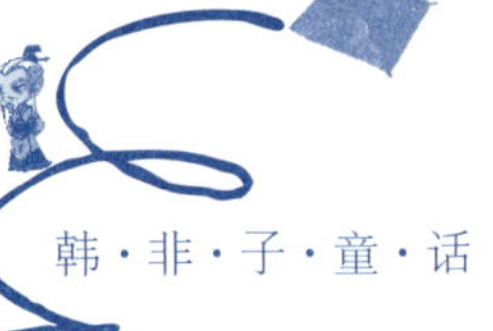



有一次，叔孙铸了一口钟给丙。丙不敢擅自去移动它，便托竖牛去请命于叔孙，要等叔孙允准了，才敢打钟。

过了一天，竖牛又欺骗丙道："我替你在你父亲面前说过，他已经允许你打这钟了！"

丙也信以为真，立刻便打起那个钟来。

叔孙听到了钟声，便说道："丙没有来问过我，他竟敢擅自打钟吗！"他一时又发起怒来，竟将丙驱逐了。



丙被驱逐后，便逃到齐国去了。过了一年，叔孙派竖牛去接他回来。哪知竖牛并不去接他，却假意地说道："我已经去接过他，可是，他非常地恨你，一定不肯回来了！"

叔孙听说，大怒，便叫人将丙也杀死了。

叔孙的两个儿子，一齐杀死了。过了几天，他自己

也得了重病。竖牛独个人假意地看护他，不让别人到病室里来，却推托地说："叔孙不欢喜听到人声！"

这样接续几天，连一点东西也不给他吃，叔孙因此便饿死了。

竖牛瞧着叔孙断了气，也不替他棺殓，竟搬运了他府库中的宝物，逃到齐国去了。



这是太相信别人的结果。

# 画什么最难



齐王请一个画师，替他描写一幅画。

齐王问他道："画什么东西最难？"

画师道："画狗、马最难！"

齐王又问道："那么，画什么东西最容易呢？"

画师道："画鬼魅[1]最容易！"

齐王觉得很诧异，便又问他道："这是什么缘故？"

画师道："狗和马，是人所常见的东西，只要画得一些儿不像，就很容易看得出来。至于鬼魅，谁也没有瞧见过，到底相貌是怎样的，所以随便画一些，人家也不知道画得像不像呢！"



[1] 鬼魅：人死了，叫作鬼。常常要作祟的鬼，叫作魅。

# 这孩子也许要死了



吴起[1]做魏国[2]的大将，有一次，带兵去攻打中山。

在他的营里，有一个受伤的兵士，溃烂得非常厉害。吴起便跪在地上，替他吮吸脓水。那兵士的母亲，站在旁边，瞧到这种情形，便很悲伤地哭起来了。

---

❶ 吴起：战国时卫人。善用兵，起初在鲁国做官，听说魏文侯很贤能，便投奔到魏国去，文侯用他做大将。后来魏相公叔很妒忌他，他又投奔到楚国去，做楚悼王的宰相。悼王死后，贵戚大臣都攻击他，他便伏在悼王的尸身上死了。

❷ 魏国：战国初年，晋大夫魏斯和韩赵二家共分晋地，国号魏。后来为秦所灭。

有人问她道：“将军待你的儿子这样关切，你为什么还要哭呢？”

兵士的母亲道：“我儿子的父亲，从前也是打仗受了伤，吴起也替他吮吸过创口，但是，过不了几天，终于死了；现在，吴起又在吮吸我儿子的创口。这孩子，也许和他父亲一样的命运呢，所以，我忍不住哭起来了。”

# 自相矛盾



楚国有一个人，是专门制造兵器的。有一天，他带了许多矛[1]和盾[2]，到市上来发卖。

可是，过路的人，谁也不需要这种东西，谁也不去理会他。

他有些发起急来了，便随手拿起一支矛来喊道：“我

---

❶ 矛：是一种兵器，柄很长，头上装着利刃，有酋矛、夷矛、厹（qiú）矛等名称。

❷ 盾：也是一种兵器，俗称藤牌。

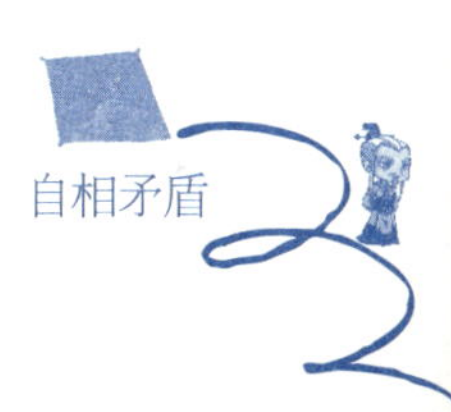

的矛是很锐利的，无论什么东西都戳得穿。诸位不信，可以买一支回去试试看！”

过了一会儿，又拿起一个盾来喊道：“我的盾是很坚固的，无论什么东西都戳它不穿。诸位不信，可以买一个回去试试看！”

他正说得十分得意的时候，忽然有一个人走过来，向他问道：“朋友，你的矛既这样锐利，你的盾又那样坚固，要是拿你的矛去戳你的盾，结果便怎样呢？”



那个楚国人被他问得目瞪口呆，竟连一个字也回答不出来。

# 编后记



1931—1934 年，中华书局出版了《儿童古今通》丛书。这套丛书的作者皆为民国时期大家，选取我国古代典籍中有趣味且富含哲理的故事，译成浅明易懂的语体文，以供小朋友们阅读。

本社此次精选部分书目进行整理再版。为了便于今天的儿童阅读和接受，将原来竖排繁体转化为横排简体形式。在保持总体语言风格不变的基础上，主要做了以下修订。

一是每个故事都配了一幅原创插画，既简洁生动，又契合文意。

二是对一些疑难生僻字加了拼音和注释，以帮助儿童阅读和理解。

三是对标点符号及个别词语按照现在的用法规范和语言习惯加以修改。

四是对部分原文注释进行修订，以更加全面和严谨。

希望小朋友们在阅读这些童话的同时，能够感受到其中的精彩，进一步激发阅读原著的兴趣。正如著者之一的吕伯攸所说：“原书经过这么一次意译，也许会把它的本意走了味。不过，小朋友们先读了这本小册子，将来再读原书，未始不可借此做个引导啊！”

编者

2018 年 12 月